Ulrike Kaup
Der Buchstabenpirat
Abc-Geschichten

Dieses Buch gehört:

_____

Ulrike Kaup
wurde in Gütersloh geboren. Sie sitzt gern in Cafés und schreibt Geschichten. Am liebsten in einem fernen Land. Und eines Tages vielleicht mit einem schokoladenbraunen Hund.

Uta Bettzieche,
geboren 1966, studierte an der Hochschule für Grafik und Buchkunst in Leipzig und am Pratt Institute New York. Heute ist sie als freie Illustratorin für verschiedene Verlage tätig und wurde 2003 mit dem 1. Preis der Stiftung Buchkunst ausgezeichnet.

Ulrike Kaup

Der Buchstabenpirat
Abc-Geschichten

Mit Bilder- und Leserätseln

Bilder von Uta Bettzieche

Arena

Mit Silbenmarkierungen zum leichten Lesenlernen

1. Auflage 2017
© Arena Verlag GmbH, Würzburg 2013
Alle Rechte vorbehalten
Einband und Illustrationen: Uta Bettzieche
Gesamtherstellung: Westermann Druck Zwickau GmbH
ISBN 978-3-401-71025-9

www.arena-verlag.de

Inhalt

Die Buchstabenjacke   6

Im Buchstabenland   14

Der Buchstabenpirat   32

Lösungen   38

Die Buchstabenjacke

Die Kinder der Klasse 1a
sind furchtbar aufgeregt.
Wo bleibt bloß
der Direktor
an ihrem ersten Schultag!

Endlich!
Da kommt Direktor Bär.
Er ist ganz aus der Puste.

„Ihr glaubt nicht,
wen ich getroffen habe!",
schnauft er.
„Und schaut euch
bloß mal
meine Jacke an!"

„Da sind ja lauter Buchstaben!
Wie kommen die denn
auf die Jacke?",
wundert sich das Yak.

„Das ist eine verrückte Geschichte",
antwortet Direktor Bär.

„In unserer Schule gibt es
einen Buchstabenpiraten.
Er wohnt im Buchstabenland.
Hier! Hinter dieser Tür!
Dort ärgert er die Wörter.

Manchmal stibitzt er
sogar Buchstaben!
Gerade eben hat er
eine Handvoll
auf meine Jacke geworfen."

"Und jetzt laufen
im Buchstabenland
Wörter herum,
die ihren Anlaut suchen",
fährt Direktor Bär fort.

"Ihren Anlaut?",
fragt die Katze.

„Ja, stell dir vor, dir fehlt das K. Dann heißt du nicht mehr KATZE, sondern ATZE", erklärt der Direktor.

„Bloß nicht"!, faucht die Katze. „Wer mich macht zur ATZE, spürt schnell meine TATZE."

„Gibt es
kein Fundbüro
für verlorene Buchstaben?",
fragt der Elch.

„Leider nein",
antwortet Direktor Bär
und lacht.
„Aber ich habe eine Idee,
wie wir den Wörtern
helfen können!
Jeder von euch
bekommt einen Buchstaben
von meiner Jacke
und sucht dazu
ein passendes Wort!"

Und dann öffnet Direktor Bär
die geheimnisvolle Tür
hinter der Tafel.

Welche Buchstaben sind auf der Jacke?

Im Buchstabenland

Ohne zu zögern,
schnappt sich
der Wurm das N
und kriecht los.

Da! Über dem Zweig
hängt eine UDEL.

„Hurra!", ruft der Wurm.
„Mein Wort ist die NUDEL.
Genauso lang und dünn
wie ich!

Und jetzt bringe ich
dich zurück
zu deinen NUDEL-Freunden!"

Die Giraffe
hat ein L bekommen.

Hoffentlich habe ich
auch so viel Glück
wie der Wurm, denkt sie.
Ich möchte etwas,
das zu mir passt
und nicht so klitzeklein ist.

„Nimm mich!",
ruft da die EITER
und wird – schwups –
zur LEITER.

ENDLICH JEMAND AUF AUGENHÖHE!

„Ich möchte
etwas zum Hochklettern",
wünscht sich die Katze.

„Wer braucht ein B?",
ruft sie in die Welt hinaus.

Gleich zwei Wörter kommen angerollt.
Ein AUM und ein ACH.

Welches Wort nimmt sie wohl?

„Hilfe! Ich klinge nach nichts!"
Wer jammert da bloß?
Ein HR!
Wie eine wilde Hummel schwirrt es im Kreis herum.

„Wozu die Aufregung",
sagt der Elch.
„Ich habe ein U
und mache dich zu
einer UHR.
Die kann ich nämlich
gut gebrauchen."

 Warum braucht der Elch eine Uhr?

„Ich suche immer noch
ein Wort zu meinem R",
beschwert sich der Drache.
„Aber es soll kein Angsthase sein!"

„Nimm doch mich!",
ruft da ein ITTER
und wird flugs zum RITTER.

„Jetzt fehlt nur noch
eine Prinzessin",
freut sich der Drache.
„Dann können wir
ein Märchen spielen."

„Ich schwing mich lieber
durch die Lüfte",
sagt der Affe,
„im Wald oder im Zirkus."

„Da passen wir zusammen!",
ruft ein LOWN.
„Wirf mir dein C zu,
und ich werde ein CLOWN."

Welcher Anfangsbuchstabe
gehört zu welcher Wolke?

Die kleine Maus
hält ein H
in ihren Pfötchen.
„Ich wünsche mir ein Wort,
das mir ähnlich ist",
piepst sie.

„Den Wunsch kann ich
dir erfüllen",
sagt ein AUS.

Jetzt hat die Maus ein HAUS.
Aber nur ein ganz kleines.

Willst du wissen, was das AUS
auch noch kann?

Ein AUS
zieht in die Welt hinaus.
Es wär so gern ein Held
und sucht, wie's ihm gefällt,
Buchstaben zum Verwandeln.

Es sammelt alles, was es kriegt,
was hier und da und dort rumliegt,
und als es dann fünf neue hat,
ist es endlich supersatt.

Nun geht das AUS
von Haus zu Haus als

_____ .

EINMAL IM DEZEMBER.

Nur das Yak hat sein Wort
noch nicht gefunden!
Da trifft es auf ein YLOFON
und freut sich schon!

„Du fängst ja an wie ich!",
schnaubt es.
„Nicht mehr lange",
sagt das YLOFON,
schnappt sich das X
und wird ein XYLOFON.

Nanu, denkt das Yak.
Das klingt wie Musik!

„Zum Kuckuck noch mal!
Wo ist die Zeit geblieben!",
ruft der Elch
und schaut auf seine neue Uhr.

„Bald kommt schon
meine Mama
und holt mich ab."

Schnell laufen alle zurück
in die Schule.
Jedes Kind schreibt nun
sein Wort an die Tafel.

 Welches Wort schreibt der Dra**che** ger**a**de an die Ta**fel**?

Der Buchstabenpirat

Dann klappt Direktor Bär
die Tafel auf.
Huch! Was ist denn da passiert?"

ZEHRLICH KILLWOMMEN!

„Das war bestimmt
der Buchstabenpirat!",
piepst die kleine Maus.

Was stand vorher an der Tafel?

Überall
hat der Buchstabenpirat
Unsinn gemacht.

Die Buchstaben
auf den Türschildern
sind alle durcheinander.

Selbst auf dem Sportplatz
hat er sich ausgetobt.

 Was stand vorher auf den Schildern?

„Wo ist der Buchstabenpirat
denn jetzt schon wieder?",
fragt der Wurm.
„Schaut mal nach oben!",
meint plötzlich die Giraffe.
„Da ist er!"
Und während der Witzbold
über sie hinwegsegelt,
winkt er fröhlich.

DER BUCHSTABENPIRAT SPRICHT RÜCKWÄRTS!

 Kannst du übersetzen, was der Buchstabenpirat den Kindern zuruft?

 Und was stand auf dem Ballon?

Lösungen

Seite 13

Auf Direktor Bärs Jacke sind die Buchstaben
N, U, L, R, C, H, X, B.

Seite 15

Es sind 16 Nudeln.

Seite 19

Die Katze nimmt den BAUM. Das ist doch klar!

Seite 21

Der Elch braucht eine UHR,
damit er pünktlich beim
Weihnachtsmann ankommt.

Seite 25

J	UNGE
O	STEREI
F	ISCH
Z	WERG
T	EE
V	ASE
I	NDIANER
S	EIL

Seite 26/27

Der Satz lautet: Nun geht das AUS von Haus zu Haus als NIKOLAUS.

Seite 31

Der Drache schreibt RITTER.

Seite 32

An der Tafel stand: HERZLICH WILLKOMMEN!

Seite 33–35

Über den Türen im Flur stand: DIREKTOR BÄR und TOILETTE.
Über den Umkleidekabinen stand: JUNGEN und MÄDCHEN.

Seite 36/37

Der Buchstabenpirat ruft: BIS MORGEN, KINDER!
Auf dem Ballon stand: AHOI.

1. KLASSE

Allererstes Lesen

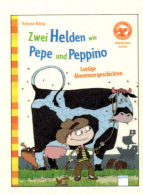

Das Känguru trägt keine Schuh
Tierische Abc-Geschichten in Reimen
978-3-401-70792-1

Kommissar Ping und das Kaugummi-Geheimnis
Lustige Detektivgeschichten
978-3-401-70423-4

Gut gespukt, Tim Schlotterbein!
Gespenstergeschichten
978-3-401-70085-4

Zwei Helden wie Pepe und Peppino
Lustige Abenteuergeschichten
978-3-401-70232-2

Jeder Band: Ab 5/6 Jahren • Allererstes Lesen • Durchgehend farbig illustriert
48 Seiten • Gebunden • Format 17,5 x 24,6 cm

Mit Bücherbärfigur am Lesebändchen und Leserätseln

Mit Bilder- und Leserätseln

Einfache Geschichten mit kurzen Zeilen

Große Fibelschrift und Zeilentrennung nach Sinneinheiten

Viele farbige Bilder

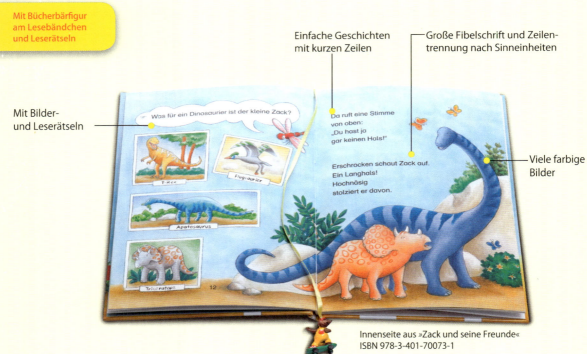

Innenseite aus »Zack und seine Freunde«
ISBN 978-3-401-70073-1

Die Reihe »Allererstes Lesen« ist auf die Fähigkeiten von Leseanfängern abgestimmt: Übersichtliche Leseeinheiten und kurze Zeilen sind ideal zum Lesenlernen. Die ausdrucksstarken Bilder unterstützen zudem das Textverständnis.

In Zusammenarbeit